AF297807

LA PATRIE DEVANT LES SANS-PATRIE

et du

SUFFRAGE UNIVERSEL

PAR

ERNEST L. ALLARD

De la Société des Gens de Lettres

PARIS

SOCIÉTÉ ANONYME DE L'IMPRIMERIE KUGELMANN

(L. Cadot, Directeur),

12, Rue de la Grange-Batelière, 12

—

1906

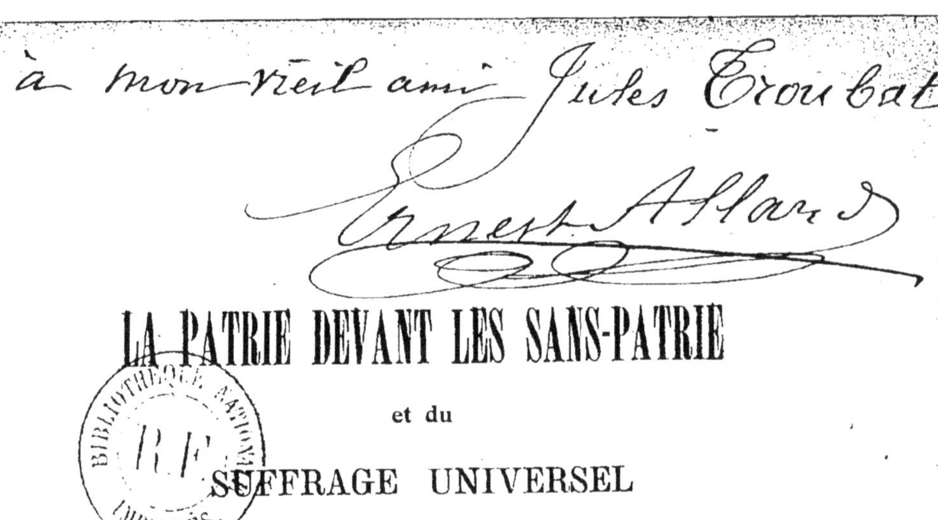

LA PATRIE DEVANT LES SANS-PATRIE

et du

SUFFRAGE UNIVERSEL

> « Maintenant laissez-les cuire dans leur jus. »
>
> BISMARCK.

Il est dans la nature des choses que toute race, comme tout être, tout organisme doué d'un cerveau et d'une vitalité suffisante, veille à sa conservation, et on n'avait jamais vu un peuple se nier lui-même, en pleine prospérité travailler à sa propre dissolution ; oui, c'est la première fois qu'une nation, heureuse quoi qu'on en dise, s'est montrée atteinte de la monomanie du suicide.

Cela tient sans doute à quelque maladie de l'esprit ou du cœur, enfin à une sorte d'aliénation mentale qu'il est utile d'examiner et de combattre.

Le phénomène est d'autant plus extraordinaire que les autres races qui enserrent la nôtre conservent avec la plus âpre énergie le sentiment de leur individualité ethnique, et, armés jusqu'aux dents, conspirent à ciel ouvert, l'une à l'anéantissement de la France, l'autre à sa vassalisation.

L'origine première du mal qui nous travaille dans certaines parties essentielles de notre organisme national vient évidemment de la pullulation d'un genre de parasites qui, comme tous les parasites imaginables, vivent de la substance même de l'être, sans s'occuper s'ils le ruinent ou non, leur unique souci étant de vivre ; je veux parler des sophistes humanitaires.

Cette espèce de bacilles se loge plus particulièrement dans

la cervelle des pauvres gens, y engendre la fièvre, provoque des accès de *delirium tremens* et leur oblitère tellement la Minerve que les infortunés, tels des taureaux piqués par les taons, furieux, avides de bouleversements, n'aspirent plus qu'à détruire, alors qu'avec un peu d'ordre, de sagesse, d'entente économique entre eux, ils pourraient passer les rapides jours que le destin leur accorde très paisiblement.

Cela date de loin : un poète charmant qui, aux heures où l'érotomanie dont s'alimentait sa muse sommeillait, révélait un merveilleux bon sens, vers la première moitié du siècle dernier déjà, se gaudissait fort spirituellement de l'humanitairerie naissante. Elle a prospéré depuis.

Les quatre-vingt-dix-neuf centièmes des écrivains et beaux parleurs qui, voués à la doctrine, attelés au fameux char du Progrès ! l'ont fait naviguer sur toutes sortes de volcans, n'étaient guère que des brouillons vaniteux, ambitieux surtout, enfin, si l'on veut être indulgent, des impulsifs illusionnés. Ils auraient prodigieusement rendu service à l'humanité en ne s'occupant pas d'elle.

Le malheur des hommes, c'est qu'ils confondent trop souvent l'éloquence avec la raison, et si nous étions avisés, dès qu'un individu, qui se mêle de réformer la société, se montre très éloquent, nous devrions nous tenir en garde. En examinant l'histoire des temps qui nous précèdent immédiatement, on constaterait que les orateurs professionnels, toute balance établie, nous ont fait le plus grand mal. Ce sont des avocats-députés qui nous empêchèrent, avant 1870, d'avoir une armée suffisante pour résister à la Prusse ; on doit bien d'autres choses néfastes aux hommes de barreau, petits et grands.

Quant aux sophistes de métier, ils seraient encore plus funestes, puisqu'ils altèrent et détruisent le plus désastreusement le bon sens public, créent la haine, la désunion entre les citoyens, et, sous le prétexte de faire le bonheur de l'humanité, perdent la Patrie.

Il y a deux sortes de philosophes : les uns, les sophistes, s'inspirant de précédents élucubrateurs, imaginent des idées sans point de départ naturel, dont ils tirent des systèmes plus ou moins spécieux, séduisants pour le vulgaire, qu'ils prétendent mettre en pratique, dut la chose publique en périr, leur but réel étant de s'élever, fût-ce sur des ruines !

Les autres, simples hommes de bon sens, pleins de scrupules, désintéressés, et généralement impopulaires, observent la nature, et, appuyés sur elle, s'efforcent ingénument d'amener leurs concitoyens, pour leur plus grand bien, à en suivre ou imiter intelligemment les lois.

Le sophiste est convaincu et veut convaincre que, jusqu'à sa venue, on ne savait rien, que l'humanité pataugeait dans la plus affreuse barbarie, et qu'il va tout remettre au point. La nature elle-même, aveugle, sans pensée, était le plus gravement en défaut ; bref, il est le sauveur, le seul et vrai Dieu, et, grâce à son génie, les hommes vont entrer dans une ère de concorde, de félicité inconnue, inrêvée même jusqu'alors ; et, comme de juste, en esprit pratique, pour un si grand bienfait, il commence à se pourvoir, à se récompenser lui-même : il ramasse mandat, prébendes, bénéfices de toutes sortes ; d'ailleurs, à la passée, désorganisant consciencieusement les services publics.

Socrate fabriquait des poteries et donnait sa pensée, sa vie aussi ; Cléanthe, un des pères du stoïcisme, pour manger, arrosait la nuit les jardins d'Athènes et philosophait le jour ; Epictète était esclave, infirme, avait si peu de bien que sa porte était sans serrure, il ne s'en croyait pas moins libre, riche, heureux ! Spinoza, l'auteur de l'Ethique, polissait des verres de lunette pour vivre ; je n'ose parler du Christ !... Que d'autres, dans de modestes conditions, ont poursuivi, au profit de toute l'humanité présente et à venir, la sagesse, et se seraient cru déshonorés, indignes même de la sagesse, s'ils avaient eu souci d'en tirer leur fortune.

Le sophiste, généralement, quand il n'est pas squelettique et hystériquement convaincu, est énorme, tout en ventre ! et il a encore plus de vanité que de ventre : c'est son vice, son mobile capital. Visant au premier rôle, il faut qu'on parle de lui à tout prix, qu'il parle à tout propos ; dès qu'une question se soulève, il apparaît ! si notoire que soit son incompétence, et lance d'une voix sonore un boniment creux, où il trouve moyen de glisser quelque couplet de sa romance humanitaire. Vous croyez qu'il est sot ; pas du tout ! Il n'oublie jamais que le retentissement de sa parole arrivera jusqu'à ses dupes, auxquelles il promet d'une façon ferme le communisme intégral, sans beaucoup y croire d'ailleurs pour sa part, car ça pourrait le ruiner. Mais, comme il y a encore en France assez de gens sensés et virils pour enrayer le *grand partage*, il est probable que, dans le secret de son âme retorse, il compte sur eux pour faire échouer ses promesses.

Fin comme un renard, il n'ignore pas non plus que la foule

est destinée, de toute éternité, à être roulée, et même que, comme la femme de Sganarelle, ça lui plaît d'être roulée.

Un brave homme, non dénué d'esprit, qui se trouve à la tête des Affaires, lui, quand il n'a plus d'autre moyen, la roule aussi, mais pour le salut de l'Etat, et, partant, pour celui de la foule même. Tandis que le sophiste la trompe à son unique profit personnel, sans se préoccuper de ce qu'il en adviendra pour l'Etat et pour la foule, lesquels, dans le fond de son âme, lui sont indifférents ; il est internationaliste, désarmeur, ne serait pas fâché d'une Invasion, à laquelle, machiavéliquement, par précaution, il travaille, et qui permettrait à ce Robespierre du matérialisme, s'il n'arrivait pas à Girondiner ses collègues, après s'en être astucieusement servi pour abattre les barrières préservatrices de l'ordre social, et se rendre maître de tout, de jouer au grand médiateur avec l'étranger victorieux.

L'éternel Tartuffe démasqué par Molière prolifère toujours ; seulement, comme la religion ne mène plus aujourd'hui à la fortune et aux honneurs, de faux dévôt, il s'est transformé en faux philanthrope, et sa dupe n'est plus Orgon, le crédule bourgeois, mais cet excellent Démos, le prolétaire, qu'il tourne en bourrique, et dont il se fait des rentes.

Ce qu'il y a de plus curieux dans l'affaire, c'est que Louis XIV, le despotisme incarné, fort dévôt lui-même, mais sincèrement, jusqu'au plus déplorable excès, soutenait Molière, tandis que les élus du suffrage universel, qui trônent à sa place, ménagent Tartuffe !

Un énergumène, très roublard d'ailleurs, et qui sait ce qu'il veut, par ses boniments, fait quitter le travail à toute une population, lui promettant après la lutte un butin splendide, la complète spoliation des patrons, des capitalistes, quoi ! Voilà les malheureux qui jeûnent pendant des mois, des mois de dur hiver, qui font jeûner leurs femmes et leurs enfants, qui assomment les gendarmes contraints par ordre de rester au port d'armes, qui assassinent ceux de leurs frères, lesquels, moins dupes, voudraient travailler quand même.

En attendant la réalisation du rêve, ils vivent sans vergogne de charité, d'aumônes, parfois venues de la bonne Angleterre, et puis, pour s'occuper, ils se promènent par la ville en théories menaçantes, chantant la *Carmagnole*, l'*Internationale*, le *Drapeau tricolore dans la m.....*, et autres pastorales : une orgie de démence, qui doit prendre fin par épuisement, comme toutes les orgies possibles.

Pour obtenir que ces malheureux, exténués de privations, reviennent à la raison, c'est-à-dire au travail, que fait le représentant de l'autorité ? Il entre gravement en conférence avec l'énergumène roublard qui les avait affolés, et c'est lui, le fauteur de la grève, l'auteur de tant d'excès et de ruines, qui est prié de les ramener au bon sens… N'est-ce pas sublime ?

Le plus extraordinaire de tout, c'est que ces ouvriers s'imaginent que s'il n'y avait ni troupes, ni gendarmes, l'humanité, à commencer par eux-mêmes, entrerait dans une ère de bonheur parfait ; car l'ennemi de tout progrès, de toute harmonie sociale, de tout partage intégral des biens de ce monde ; enfin, du béatifiant communisme, c'est le gendarme, le soldat ! Et alors il faut supprimer gendarmerie et armée : Pourquoi faire une armée après tout ? Est-ce que les hommes ne sont pas frères ? Les Anglais, les Allemands — les Anglais particulièrement, sont nos amis, nos camarades, ne l'ont-ils pas prouvé au long des siècles, en toute rencontre ? C'est à en pleurer d'attendrissement en lisant l'histoire. Ils nous aiment, adorons-les, et, pour leur prouver notre sincère amour, commençons par désarmer ; ça les touchera sûrement, et ils en feront autant. Et quand il n'y aura plus de soldats, d'armée, les travailleurs manuels de tous les pays s'entendront, et, d'un coup d'épaule, renverseront, pulvériseront la classe bourgeoise et capitaliste, se partageront fraternellement les dépouilles.

Pour qui voit clair, le fond de l'humanitairerie populaire, c'est cela, et rien d'autre : du butin ! le butin universel! Mais, si je ne m'abuse, c'est la guerre, ça, et ses conséquences, la guerre que vous prétendez vouloir supprimer ; depuis l'antiquité, cela ne s'est point passé autrement : attaquer ceux qui possèdent pour les dépouiller.

Seulement, mes enfants, vous oubliez que ces doux frères internationaux, dont vous êtes si fort épris, et dans les bras desquels vous brûlez de vous jeter, en vue de vous en faire des complices, sont très pratiques, fort belliqueux, et d'un chauvinisme enragé. Souvenez-vous de 1870, de l'Alsace et de la Lorraine, que vos frères d'outre-Rhin ont prises sur vous dans les flots de votre sang ; ils s'en lèchent encore joyeusement les lèvres. Songez aux longs pleurs de l'Irlande, aux joies délirantes arrosées de gin ! de vos tendres camarades d'outre-Manche à chaque égorgement un peu notable des infortunés Boers. Songez, songez… j'en aurais trop à conter… que l'homme n'est pas un ange, mais bien plutôt une sorte de bête féroce adoucie par la civilisation, par les religions et les philosophies, et toujours prête à revenir à sa nature première, sitôt que le Pouvoir, mal équilibré, devient mou, indécis, et au lieu de le contenir d'une main d'acier dans le respect de la loi, du droit, semble trembler devant lui. Le type de ces primates existe encore de par l'Afrique et l'Océanie : des tribus de cannibales se font la guerre pour se manger mutuellement... Ils aiment aussi leurs semblables ces gens-là... à leur façon ! Et, si vous n'y prenez garde, c'est vers ce type anthropophage que vos bons apôtres vous ramènent par le grand chemin de l'humanitairerie anarchique et sociale.

Si les journaux n'ont pas menti, dernièrement, les compagnons d'une usine ont suspendu au-dessus d'une fournaise leur patron pour obtenir de sa bonne grâce, non ! de sa bonne graisse ! une augmentation de salaire ; imaginez qu'il ait refusé, et qu'on l'ait laissé rôtir : une fois à point, mon Dieu, par un subit réveil d'atavisme, l'occasion s'y prêtant, on aurait pu s'en régaler... Il n'y a que le premier re...pas qui coûte !

Si c'est pour en arriver là que vous urinez sur les calvaires et pourchassez farouchement nos braves curés, il n'y a pas grands compliments à faire aux prêtres de la déesse Raison ; la République qu'ils sont en train de façonner est simplement une grossière gastrocratie : toute viscérate, il n'y est question que d'argent, de spoliation, finalement de mangeaille !

Devant ces beaux résultats, on se sent pris d'un retour attendri vers le christianisme pour qui la question du ventre n'était pas tout, et qui prêchait autre chose que la satisfaction des appétits *per fas et nefas*, et je commence à soupçonner que cette hostilité furibonde contre la religion de nos pères vient d'une autre cause que de l'affranchissement de l'esprit : comme l'armée et la gendarmerie, c'est une gêneuse qui empêche de se partager en rond la fortune publique et de se livrer sans contrainte aux instincts naturels primitifs !

Il y a là tout d'abord une grande ingratitude, compliquée d'une ignorance non moins grande de l'histoire, qui pourrait vous jouer quelque mauvais tour, vous rejeter, de façon ou d'autre, dans la servitude dont vous a tirés le christianisme : car, sans le christianisme, vous seriez encore, pour la plupart, des esclaves ! C'est son génie qui vous a relevés de l'abjection où vous viviez dans les anciens temps ; et, pour l'en remercier, vous déjectionnez sur lui, ce qui n'est ni juste ni noble.

De même, c'est ce que vous appelez la bourgeoisie, autre

objet de vos haines violentes, qui vous a élevés à la dignité de citoyens !

Et, en passant, rectifions une grosse erreur : il n'y a pas de caste bourgeoise ; tous les ouvriers de la ville et des champs peuvent être des bourgeois, le devenir, et, en somme, la masse des citoyens que vous englobez dans cette dénomination générale de bourgeois sortent originairement de la grande famille ouvrière. C'est par milliers et par milliers, du fait d'une libre et naturelle sélection, la seule bonne, indispensable au jeu des forces publiques, si variées, et qui demandent tant d'aptitudes et de qualités diverses, que paysans et ouvriers s'élèvent à une meilleure condition, quittent le travail manuel pour celui qui n'exige que de l'intelligence. Ces frères-là, mieux doués que vous, ce qui n'est ni de leur faute, ni de la vôtre, gagnent davantage, comme de juste, économisent souvent, enfin font plus ou moins fortune. Mais cette fortune, elle vous revient ; tout cet argent amassé vous repasse par les mains forcément, et, sans lui, sans ces réserves, de quoi, comment vivriez-vous ? C'est difficile à dire, c'est même impossible !

Ce serait une statistique à établir : L'ouvrier qui, devenu patron ou négociant, parvient à gagner et à dépenser, mettons vingt mille francs par an, justifie non seulement sa propre existence, et celle ensuite de plusieurs familles d'ouvriers et employés divers qu'il occupe dans son entreprise, mais celle encore des gens dont il achète pour son usage privé, par intermédiaires, les produits manufacturés, agricoles et autres.

Plus il est riche, plus il dépense, et plus l'ouvrier gagne, plus il est heureux ; on bâtit des maisons, des villas, des palais même, si vous voulez ; on tisse de la soie, des étoffes et ornements merveilleux, ou de simple et confortable usage ; carrossiers, orfèvres, ferronniers, décorateurs, enfin, d'innombrables métiers de luxe ou de simple nécessité, sans compter les Lettres, les sciences, les arts, fleurs suprêmes de la libre activité sociale que féconde la richesse, sont alimentés avec les écus de ce dur trimeur qui, par son intelligence, son âpre volonté, a ramassé un tas de ces cailloux qu'on appelle de l'or, qu'il ne met pas dans son estomac, et dont vous êtes jaloux si follement, puisqu'ils sont à vous, vous reviennent tous, et vous procurent les moyens de vivre en échange de votre propre et moins intellectuel labeur, le travail directorial, créateur, organisateur, valant vis-à-vis du vôtre, selon l'occurence, comme dix, vingt, trente et plus, en regard de l'unité

Je reprends : C'est le génie de ce que vous appelez la classe bourgeoise, son intelligence, son dévouement qui, après avoir reconquis, pied à pied, pour vous ! et pour elle, depuis le fond du moyen âge, la liberté civile, a fécondé la grande Révolution dans ce qu'elle a eu de bon. Et, dans les temps suivants, c'est encore elle qui a travaillé à votre pleine émancipation. Pour le malheur de tous, cette émancipation a été trop brusque, car toute votre conduite révèle assez que vous n'étiez pas mûrs pour tant de liberté.

L'anarchie, le communisme, le sans-patriotisme, sont les conséquences logiques du suffrage universel tel qu'il a été inconsidérément organisé ; un régime électif, sagement hiérarchisé, aurait mieux valu, jusqu'à ce que, par la pratique des vertus d'ordre, d'économie, de continence, les travailleurs manuels se fussent, à l'instar des *Prévoyants de l'Avenir*, constitué des réserves mutuelles qui les eussent rendus conservateurs et vraiment capables de faire le meilleur usage des droits de la pleine liberté.

Au point de vue philosophique, seuls, les possédants ou les citoyens plus ou moins aisés pratiquant des professions libérales devraient jouir de la plénitude du suffrage universel personnel et direct ; les gens de travail manuel, lorsqu'ils renient la Patrie et conspirent à dépouiller les gens plus fortunés qu'eux, expriment d'instinct, par cette manière même, une sorte de protestation brutale contre des droits politiques trop élevés, dont ils sont incapables de saisir la portée idéale, et qui, ne leur rapportant aucun bénéfice matériel immédiat, leur semblent dérisoires.

Les Républiques de l'Antiquité, en Grèce, en Italie, Athènes et Rome surtout, ont dû leur prospérité première, leur grandeur, à ce fait que d'abord tous les citoyens étaient mi-parti citadins, mi-parti propriétaires ruraux ; on était en même temps agriculteur, guerrier et homme politique. Ça faisait des hommes ! et des hommes complets ; les incomparables beautés de l'histoire ancienne viennent de là simplement.

Et qu'on ne s'y trompe pas, ces Républiques ont dû également leur grandeur à ce qu'elles étaient mi-parti aristocratiques, mi-parti démocratiques. Elles ont fini comme tout finit en ce monde par l'excès même de leurs prospérités : les richesses ont détaché les citoyens de la terre ; les villes souveraines se sont remplies d'une foule d'esclaves, de prolétaires, d'affranchis, d'opulents et ramollis jouisseurs, et de cette tourbe inquiète de gens sans bien, sans profession réelle, qui, comme nos Lycurgomanes, nos sectaires modernes, n'ont d'espérance que dans le désordre, dans la ruine de la Chose publique ; l'armée de Catilina, quoi ! Tous gens que l'âme première si sublime de la Patrie avait cessé d'inspirer. Alors ces Républiques, fatalement, sont tombées en servitude, ont dû courber la tête sous la main d'un maître, d'un Empereur, ou le joug ignominieux de l'Etranger.

Chez nous, les choses n'en sont pas encore là, et pourraient n'y pas venir, grâce à ce que nous avons une population de citoyens ruraux très nombreuse, qui possède en grande partie la terre, et, de ce fait, a l'âme saine et patriotique.

Si j'osais dire toute ma pensée, à l'encontre de l'homme des champs qui aime l'ordre, la paix, le peuple ouvrier des villes serait friand de révolutions, par tempérament ; il se plaît à chambarder ; aussi lui a-t-on joué un très mauvais tour dans Paris d'y créer tant de larges voies stratégiques, sans pavés, macadamisées. Il demande humanitairement l'abolition de la guerre, mais c'est pour s'en réserver le monopole. Oh ! la guerre des barricades, quelle fête ! quelle ivresse ! Qu'on se souvienne des journées de 48, où les gamins de treize, quatorze ans pullulaient sur les tas de pavés, faisant le coup de feu auprès des hommes faits, non moins enfants, non moins inconscients qu'eux d'ailleurs.

Devenu maître de l'Empire, dit Tacite, Auguste, considérant la grandeur de la population, *la lenteur du secours qu'on trouve dans les lois*, chargea un Consulaire de contenir les esclaves et *cette partie du peuple dont l'esprit remuant et audacieux ne connaît de frein que la crainte.*

Tacite écrivait cela il y a quelque deux mille ans. Au fond, la nature des choses n'a pas changé, et les gens qui, en fait d'héritage positif ne possèdent que leurs bras — ce qui est un capital, quoiqu'on dise, et qui rapporte moult quantes fois — seront toujours enclins à quitter l'atelier pour la bataille des rues, dans l'espoir du butin, et bien souvent poussés par cette inquiétude indéfinie qui porte l'homme, dans certaines conditions, aux pires excès, sans autre perspective que de calmer, d'éteindre son inquiétude même.

Qu'on se remémore l'horrible tragi-comédie communarde de 1871, prélude manifeste du sans-patriotisme et des crimes de plus en plus monstrueux que l'humanitairerie partageuse porte en ses flancs.

Ainsi, voilà le fait : Mûs par une certaine et niaise sensiblerie égalitaire, les fortes têtes spéculatives de la classe dite Dirigeante ! ont procuré le suffrage universel intégral au nombre. En reconnaissance de quoi, ce brave nombre, du moins cette partie remuante du nombre dont parle Tacite, tout de suite, sous l'inspiration d'ambitieux farceurs, a vu là-dedans une porte ouverte pour se payer les biens de cette bonne classe dite *Dirigeante !* Mais comme l'opération est impraticable, le naïf nombre, manouvrier s'entend, se regarde comme volé, et, furieux, veut tout détruire, à commencer par la Patrie !... « La Patrie ! qu'est-ce que c'est ? C'est bon pour ceux qui ont des terres, des maisons, des rentes, des industries, des établissements, de gras emplois, etc. Comme nous n'avons rien de tout ça, que nous importe la Patrie ? Nous nous en f...s. A bas la Patrie ; à bas l'armée qui la défend ; à bas tout ce qui en conserve et soutient le culte ; à bas la France ! »

Mon pauvre Joseph Prudhomme, voilà le maître que tu t'es ingénieusement donné ; tu dois t'en mordre les pouces, et ce ne sera pas facile de réparer ta bévue. De par le suffrage universel, la France est aux mains, en grande partie du moins, de ceux qui ne veulent plus qu'il y ait de France !... Arrangez ça ! Si ce n'était pas si tragique, ce serait vraiment par trop bouffon !

A parler franc, l'humanitairerie égalitaire est une hideuse maladie, et, tout en admirant le génie lyrique du grand poète qui, s'il ne l'a pas inventée, l'a tout au moins, pour sa très large part, inoculée aux pauvres gens, nous sommes plusieurs qui lui en savons fort mauvais gré.

Un Dithyrambeur et un homme d'Etat, des fois, c'est pas tout à fait la même chose.

Parmi le formidable stock de folies qui formera le bagage historique de notre ère, une des plus bizarres, des plus curieuses à étudier, sera la doctrine du Progrès ! d'où est née cette phthysie économique qu'on appelle le socialisme, et qui n'est au fond qu'une hypocrite philosophie du vol !... en grand !

Depuis qu'il existe des civilisations, les hommes de travail cérébral ont trouvé, imaginé mille et mille perfectionnements au machinisme industriel, agricole, militaire, nautique, aux arts, et aux idées mêmes dont se façonnent les mœurs. Mais lentement, les uns après les autres, quasi inconsciemment, par une loi d'évolution naturelle, la même qui régit les organismes animaux, végétaux et stellaires.

Jusqu'au moment où certains penseurs ont, en méditant sur l'histoire, sinon découvert, du moins constaté cette loi, ça a marché de soi-même, non sans cahots évidemment, mais enfin ça a marché naturellement. Mais voilà que les Sophistes, les Lycurgomanes s'emparent de la chose, s'enflamment, se surrexcitent, et, de ce paisible processus évolutionniste, extraient la doctrine du Progrès ! Tous ces Wagner allument leurs fourneaux ; chacun veut créer son Homunculus, refaire le monde à la mesure de son chétif cerveau.

C'est un délire général ; la gent écrivassière se constitue en vaste usine du Progrès ! En a-t-on usé, abusé de ce mot-là, en son nom a-t-on bouleversé notre malheureuse société toute prête à en crever !

Les choses en sont venues au point qu'une Chambre des Députés, uniquement assemblée pour régler sagement nos finances, maintenir l'ordre, la paix à l'intérieur, et surveiller, favoriser intelligemment les intérêts de la nation à l'extérieur, délaissant ou baclant son vrai travail, se croit obligée de fabriquer du Progrès à jet continu.

Les énergumènes lui crient sur tous les tons, avec fureur : « Du Progrès ! Des Progrès ! » Au fond, ça veut dire : « Aboulez-nous la galette des riches. »

Alors les infortunés députés, ahuris, affolés, ne sachant comment s'y prendre, élaborent toutes sortes de projets de loi ayant pour but unique de barbotter dans les profondes de ceux qui les ont plus ou moins garnies, pour en déverser le contenu dans celles de ceux qui n'y logent pas toujours que le diable, mais le plus souvent de bons gros salaires, sans frais de représentation.

Mais l'affaire ne marche pas toute seule ; les capitaux se mettent à émigrer ; et puis, nombre de nos pauvres honorables ne le sont pas du tout pauvres, et trouvent assez naïf de se dépouiller eux-mêmes en dépouillant leurs commettants, qui, bien sûr, ne les avaient pas envoyés à la Chambre pour cette perfide besogne.

Alors, dans leur angoisse, pour donner une satisfaction quelconque aux Arrabiati, ils se tournent vers la tête-de-turc habituelle : C'est le clergé, la religion qui écopent et paieront l'écot ; c'est l'Eglise, cette pelée, cette galeuse, qui a fait tout le mal ; tombons dessus, ratissons-la. Démos, qui a horreur de

la morale et de ceux qui la prêchent, est enchanté évidemment,
bien qu'il sente qu'on le roule et que le bénef' de l'opération
ne sera pas pour lui ; mais la comédie donnée en son honneur
l'a tout de même amusé un brin.

Ce que le Père Eternel, là-haut, derrière la Voie Lactée, doit
rire dans sa barbe fleurie d'étoiles. Je l'entends le vieux : —
« Sont-ils méchants, sont-ils sots, sont-ils lâches ! Le diable
m'emporte, ils redeviennent singes. Cette France, belle, harmo-
nieuse entre toutes, je l'avais si bien douée ; c'était mon petit
coin de prédilection ; que de trésors d'âme j'y avais mis ; que
de beaux génies elle a produits ; que de générosité, d'esprit,
de vaillance, de sens du vrai, du beau, du bien. Les autres peuples se miraient en elle, se nourrissaient d'elle ; ils me sentaient
dans la France. Maintenant, hélas ! elle est devenue un objet de
pitié pour eux et de honte pour moi ; on la montre au doigt
comme l'ilote ivre ! Vrai ! c'est à s'en arracher les comètes !
Que faire cependant ? Je n'y peux rien ; les lois que j'ai établies
dans l'univers je les subis moi-même ; et, si j'intervenais, du
coup je détruirais leur libre arbitre, leur grandeur, leur res-
semblance avec moi, mon œuvre enfin. Ma foi tant pis ! ils
sont trop bêtes, qu'ils se débrouillent, j'ai assez fait pour eux. »

Espérons, mes amis, que le vieux Père, tout justement irrité
qu'il soit, ne nous lâchera pas tout à fait et inspirera à quel-
ques-uns d'entre nous les idées de salut.

Aide-toi, le ciel t'aidera ! Cherchons un peu ; nous connais-
sons le mal, ingénions-nous à lui trouver quelque remède.

De toute évidence, ces fils de Démos qui nous traînent aux
abîmes, ces mineurs qui ont été trop tôt émancipés, auraient
besoin d'être remis un tantinet en tutelle, voire même, dans
certains cas, en interdit !

D'abord, débarrassons le monde ouvrier du bacille révolu-
tionnaire, des parasites lycurgomanesques qui le rongent, et
des mouches du coche venimeuses qui le taonnent perpétuellement et le rendent furieux. Et qui sait ! Ça suffira peut-être.

Par exemple, quand un de ces bons apôtres a soulevé une
population, l'a arrachée pour des mois au travail, l'a fait jeûner, l'a provoquée à la rébellion, au meurtre, et autres améni-
tés : et en plus a paralysé, ruiné une industrie, toute une cité
presque, gravement troublé le pays entier, si, au lieu de lui
ouvrir la Chambre des députés, en récompense de ces hauts
faits, de le laisser s'élever à la dignité de Législateur !... de

Législateur !... songez ! Oui ! si au lieu de permettre à cette
fleur de pourriture sociale d'étendre sur la plaine de nos honorables son ombre mortifère, et de secouer sur elle son pollen
vénéneux, on l'envoyait tout bonnement à Cayenne, ou en
Calédonie, cela produirait peut-être un meilleur effet.

C'est une idée que les pêcheurs en eau trouble pourront
trouver mauvaise, mais qui, je crois, devra sourire aux bon-
nes gens de France.

Seulement, je ne voudrais pas que gardé et entretenu en
fils de famille, il passe son temps à fumer de fins cigares dans
un glorieux farniente. Non ! je lui confierais un lopin de terre,
des outils, une cabane, et je lui dirais : — Mon gars, si tu veux
manger, travaille, deviens utile ! relève-toi ! La terre comme
le feu purifie !

Ce genre de convicts ne serait peut-être pas à dédaigner
pour l'exploitation et le peuplement de nos colonies ; ils
seraient encore assez nombreux. Au bout d'un temps, les man-
drins eux-mêmes priseraient fort leur nouvelle existence, et
nous auraient grande reconnaissance de les avoir arrachés à
leur folie, à leur malice, d'en avoir refait des hommes.

Quant à leurs victimes immédiates, le peuple des travailleurs manuels, la chose semble moins facile à régler : Ce sont
des frères après tout, des frères égarés, abusés, nous ne devons
pas l'oublier, et, tout en nous garant de leurs fureurs, il faut
continuer à les aimer, à les traiter en frères, en frères mineurs
sans doute, mais enfin en frères !

A un certain point de vue, tout politique j'entends, en l'état
des esprits, le peuple manouvrier est un élément ! un simple
élément ! D'ailleurs il se comporte en masse comme un élément brut, et il doit être gouverné et contenu en cette qualité.
Il n'y a dans nos temps de négation, de désidéalisation, à
s'adresser ni à sa raison ni à son cœur, il faudrait être imbé-
cile pour le tenter. Il ne croit ni à Dieu, ni à l'Autorité, ni à la
Patrie : il est athée, anarchiste, internationaliste.

En échange, il n'est point philosophe, puisqu'il est haineux,
envieux, partageux ! qu'il ignore la justice, la nature réelle des
choses ; ses impulsions, ses convoitises aveugles, absurdes
étant sa seule loi.

Dans ces conditions, le devoir absolu des hommes sensés
est de lui imposer d'infranchissables barrières, de faire en
sorte que, désespérant de s'emparer par la violence de la fortune publique, ce qui serait, il ne s'en doute pas, une fois

les caisses vidées, les usines sans génie patronal mortes, toutes
sources de richesses taries, après une courte orgie de jouis-
sances bourgeoises, — car c'est là l'idéal ! — sa propre et
irrémédiable ruine, de faire en sorte, dis-je, qu'il se décide à
se constituer une fortune de lui-même, par un sage mutua-
lisme, comme en Belgique et ailleurs.

S'il s'y était pris depuis quelque soixante ans, au lieu de
s'agiter tumultueusement dans le vide, tous ses anciens,
aujourd'hui et dès longtemps même auraient leur retraite ; et
ce serait plus digne sans doute, plus équitable que d'exiger
illégitimement, comme simple à-compte d'ailleurs en attendant
la grosse curée, du reste de la nation qui n'en peut mais,
croulant déjà sous les impôts, des rentes pour ses vieux jours.

Divisez pour régner, ont dit les hommes d'Etat depuis le
fond des siècles : Ne souffrez plus ces fédérations, au fond uniquement politiques, de syndicats ouvriers qui, d'un bout du
territoire à l'autre, relient en une seule masse les forces révolutionnaires du pays, destructives de tout ordre, de la prospérité publique.

Et puis, laissant à part l'armée nationale, organisez savam-
ment, en dehors de la gendarmerie déjà existante, qui suffit
tout juste à sa mission de police ordinaire, une grande armée
de vétérans, soldats de carrière, 250 à 300,000 hommes d'élite :
assez forte, assez souple pour maintenir la paix à l'intérieur,
rendre impossible l'insurrection endémique, qui, de toutes
parts, sur le territoire, paralyse la vie de travail et d'affaires ;
confiez-en le commandement à quelque Consulaire, comme dit
Tacite, suffisamment autorisé.

Ce digne général, qui, avec son armée d'élite, en cas de
guerre contre l'Etranger, couvrira solidement la frontière, bon
républicain, homme d'expérience, de tact, de mesure et d'énergie ; ne relevant, bien entendu, que du chef de l'Etat, nommé
directement par lui, pour qu'il ne soit pas l'enjeu de partis,
n'aura aucune fonction politique autre en temps de paix que
de maintenir, *manu militari*, la liberté du travail, des transac-
tions, que de sauvegarder l'ordre, et d'assurer à chacun la
légitime jouissance de ce qu'il possède.

Il cueillera, fera cueillir par ses troupes, aussi délicatement
que possible, pas jusqu'à laisser lapider ses soldats, assassiner
ses officiers cependant, les plus enragés des anarchistes mili-
tants, les meneurs surtout, les parricides boute-en-train des hur-

leurs de *Drapeau dans la m...*, et les extériorisera dans quelque lointain domaine colonial bien écarté, et où ces humanitariens ultra, généreusement encore munis par nous de tout ce qu'il faut pour s'organiser, feront leur popote socialiste ensemble, et rien qu'entre eux ! sans aucune ingérance de l'Etat ; ce qui leur sera la plus belle école de savoir-vivre, de philosophie sociale, si mieux aimez, où on les puisse envoyer. Ils verront ce que durent les Icaries ! De ces sociétés communistes, il en a tant champignonné, surgi et pourri presqu'aussitôt, en Amérique, depuis moins d'un siècle.

Le Communisme, quand il n'est pas le fait d'un consentement unanime, venant du cœur, et produit par quelque exaltation religieuse, si rare et de peu de durée d'ailleurs, s'il est imposé par une foule bornée, bassement jalouse d'égalité matérielle, plonge les hommes dans la pire des servitudes, l'esclavage mutuel, irresponsable, sans recours, et détruit toute noblesse d'âme, toute émulation, tout esprit d'initiative, de lutte féconde, tout perfectionnement moral et intellectuel, les exquises floraisons de vertus fièrement personnelles ; enlève à la vie d'action ses plus respectables stimulants, à la vie de société son charme, sa grâce, ses consolations, ses idéals ! et, ravalant chacun au rôle de rouage stupide d'un inconscient mécanisme, ramène à la bestialité primitive, et finalement anéantit toute civilisation.

Qui nie la Patrie hautement et avec rébellion, qui nie les lois, les foule aux pieds scandaleusement, qui menace, attaque les biens, la vie de ses concitoyens, perd de ce fait le droit de respirer l'air de la Patrie, et de vivre sous la protection de ses lois : il devient étranger ! C'est élémentaire, et il faut vraiment que nous soyons ramollis jusqu'au gâtisme pour ne l'avoir point déjà compris.

En outre de la cueilltete et de l'extériorisation des principaux meneurs, de ceux qui se seront distingués dans l'émeute par leurs violences hors ligne, la population ouvrière d'un centre manufacturier, usinier, minier, enfin quelconque, qui, en masse, se sera rendue grièvement coupable de rébellion envers l'autorité, qui aura insulté la Mère, la Patrie ; outragé l'armée, menacé la propriété, qui aura brutalement porté atteinte à la liberté du travail, enfin qui aura donné des signes manifestes de démence, de folie furieuse, sera, pour ces faits, par un simple constat toujours, tout entière mise en interdit politique, c'est-à-dire perdra l'usage du suffrage universel ; même dans leur localité, cela va de soi, les susdits déments ne pourront plus prendre part aux élections municipales : Interdits ! quoi !

On pourrait même, fort avantageusement pour le bien public, les rayer des cadres de l'armée. La France saura se sauvegarder, en cas d'invasion, sans leur plus que douteux concours. Si l'armée de vétérans ne suffisait pas à les remplacer, on embaucherait des Arabes, qui ne demanderont pas mieux et feront de bons et d'incorruptibles soldats. Il ne faut pas apprendre ls armes aux antipatriotes qui n'aspirent à s'en servir que pour la guerre civile, pour violenter, exproprier leurs concitoyens, pour trahir le pays.

Ces mesures ne seront que justice et prudence ; et, si vous y réfléchissez, il n'y en a pas d'autres à prendre. Remarquez combien elles auront d'efficacité : humiliés de voir leurs noms effacés des listes électorales, des cadres de l'armée, nos révolutionnaires rentreront forcément en eux-mêmes, ça leur jettera un froid salutaire : ils se sentiront anéantis : d'une part, se heurtant à la solide armée de vétérans que j'ai dit, chargée de les contenir et au besoin de les extérioriser ; d'autre part, ne pouvant plus envoyer au sanctuaire des lois des délégués chargés par eux de détruire les lois, de soutenir leurs folles revendications contre le droit et la société même.

De ce dernier résultat, immédiatement la moralité des assemblées s'élève, la liberté y rentre, la mesure, la pondération ; on s'y remet à travailler sainement au bien public, à la grandeur, à la prospérité de la France. Enfin, on entre pour de bon en République.

Ce n'est pas la haine, la haine aveugle, stupidement brutale, qui rend les hommes heureux, c'est la bonté, c'est la prudence, la réflexion, l'ordre, la modération, la prévoyance dans la conduite, le dévouement, c'est la bonté surtout ! La bonté est juste, elle donne aux plus simples le génie de comprendre la nécessité, la fatalité si l'on veut, d'apparentes iniquités sociales.

L'homme bon ne cherche pas, ne met pas l'égalité dans la matière ; il la met dans la bonté même, il la trouve, il la réalise dans son cœur. Cette égalité chimérique, contraire à la nature même, à la loi des choses, si on la veut rencontrer dans la distribution des biens de ce monde, fuit, échappe, se perd dans mille désastres, se noie dans des mares de sang.

Mais nulle puissance au monde ne peut empêcher un honnête homme qui n'a que ses deux bras pour héritage, d'être l'égal, et même le supérieur des plus hauts personnages, des plus millionnaires, par l'âme, par la vertu, par le cœur, et se sentant aimant, aimé, se sentant un juste enfin, de se trouver parfaitement heureux.

Nous avons tous connu de ces humbles sages, il y en a beaucoup même à droite, à gauche ; mais ils s'effacent, ils sont modestes, ils échappent au regard, et je suis sûr que si on fouillait bien, on en démêlerait plus d'un parmi ces *jaunes* que les *rouges* malmènent si durement.

L'amour de la Patrie est la première des vertus, la plus féconde, celle qui engendre, qui exige toutes les vertus ; il est la vertu même !

De tous les sentiments, l'amour de la Patrie a toujours été le plus fort depuis que les hommes se sont partagé la terre en groupes ethniques, différents les uns des autres par les traditions, les mœurs, les tempéraments, les intérêts même découlant de la situation géographique, et enfin par leur action particulière sur la civilisation générale des peuples.

Il y a une âme commune, une âme de race, dont chaque individu est une parcelle, une cellule qu'elle a engendrée, et où elle se reflète ensuite, plonge ses radicelles pour y prendre et reprendre perpétuellement force, élan, vie.

Celui qui renie sa patrie se renie lui-même ; il peut trahir la patrie, se dégager des devoirs qu'elle lui a transmis avec l'existence, mais il ne peut détruire ces devoirs, ils font partie de son existence même, ils sont le fait de son être, absolument comme toutes les cellules composant l'organisme d'un homme se doivent à son être entier, et ne sauraient aucunes s'en affranchir, sous prétexte que leurs fonctions sont trop basses, trop dures les unes par rapport aux autres.

C'est que l'homme est âme beaucoup plus que corps ; c'est que l'homme, l'homme civilisé, doit vivre surtout par l'âme, et une fois assurée la vie matérielle, sévère, difficile, ou large, aisée, selon les circonstances, peu importe ! doit songer à son âme, et chercher ses joies, les vraies, dans les choses de l'âme !

C'est ce que les philosophes anciens avaient compris, exposé dans leurs immortelles méditations ; c'est ce que la religion chrétienne, issue d'eux en fait, toute nourrie des Grecs qu'elle est, s'était appliquée à mettre en pratique dans l'humanité.

O vous qui vous substituez à nos dignes curés, ô pasteurs improvisés, si vous aimez tant le peuple, tâchez donc de lui donner de l'âme ! Laissez son estomac tranquille... et nous aussi ! Moins grassement nourri que vous sans doute, moins Laridon, il est, et par cela même, autrement robuste. La vraie pitié qu'il doit inspirer, c'est pour sa grande misère d'âme ! sans relâche, impitoyablement aggravée par vos haineux sophismes. Mais, hélas ! votre propre misère d'âme est encore plus profonde ! Et comment donneriez-vous ce qui vous manque ? *pôvres brigants*, dont l'unique souci est de *gaigner toujours*, comme aurait dit Froissard, grand admirateur des *Routiers*, ces socialistes du quatorzième siècle. Car ce serait une fatuité à vous de croire que la spoliation des particuliers, des villes et châteaux, le bienheureux *partage forcé* enfin, le désordre général, la ruine de la Patrie, toutes choses que vous décorez du nom de *Justice sociale !* soient de votre invention ; il en a toujours été ainsi aux époques d'indiscipline, d'anarchie, de relâchement de l'Autorité, jusqu'à ce qu'un Duguesclin quelconque entraîne tous ces aimables compagnons se faire engraisser ou pendre ailleurs.

Pour tout dire, chose que nul n'ignore, et que l'on devrait toujours avoir présente à l'esprit, ce n'est point contre le régime républicain qu'a été fait le coup d'Etat du 2 *Décembre*, ratifié par les votes successifs de la masse des bons citoyens, mais bien et uniquement contre le Communisme ! La République était et serait encore acceptée loyalement par l'ensemble des honnêtes gens, si elle ne semblait comme indissolublement liée au Socialisme, ne faire qu'un avec lui, enfin n'avoir été instituée que pour l'avènement, le triomphe des Partageux !

Dieu veuille que nos législateurs, qui, pour la plupart, sont honnêtes, intelligents et patriotes, surmontant la dangereuse faiblardise, trop ordinaire aux hommes mesurés, sages, et dont s'encouragent les risque-tout, dans une magnanime entente de géniale virilité, se redressent enfin, se dégagent... sans trop attendre ! et, ainsi que le vieux héros breton, nous débarrassent du choléra Socialiste, de la vermine qui ronge, déshonore et perd la généreuse terre, bientôt inhabitable aux gens de bien, que ses enfants, au temps jadis, appelaient *la douce France !*

Lorsque, dans un État jouissant de la pleine Liberté politique, les gens sensés n'ont pas le courage d'interdire les insensés qui n'usent de cette Liberté même que pour le bouleverser sans paix ni trêve, une heure arrive fatalement où, comme en Pologne, la Destinée interdit toute la nation.

L.-Ernest ALLARD.

Mai 1906.

Paris, Soc. anon. de l'Imp. Kugelmann (L. Cadot, direct.), 12, rue de la Grange-Batelière.